Notre-Dame de Paris

Victor Hugo

1802 - 1885

Livre VI

CONTENT

I

Coup d'oeil impartial sur l'ancienne magistrature

II

Le trou aux rats

III

Histoire d'une galette au levain de maïs

IV

Une larme pour une goutte d'eau

V

Fin de l'histoire de la galette

I

COUP D'OEIL IMPARTIAL
SUR L'ANCIENNE MAGISTRATURE

C'ÉTAIT un fort heureux personnage, en l'an de grâce 1482, que noble homme Robert d'Estouteville, chevalier, sieur de Beyne, baron d'Yvri et Saint-Andry en la Marche, conseiller et chambellan du roi, et garde de la prévôté de Paris. Il y avait déjà près de dix-sept ans qu'il avait reçu du roi, le 7 novembre 1465, l'année de la comète, cette belle charge de prévôt de Paris, qui était réputée plutôt seigneurie qu'office, dignitas, dit Joannes Loemnoeus, quae cum non exigua potestate politiam concernente, atque praerogativis multis et juribus conjuncta est. La chose était merveilleuse en 82 qu'un gentilhomme ayant commission du roi et dont les lettres d'institution remontaient à l'époque du mariage de la fille naturelle de Louis XI avec monsieur le bâtard de Bourbon. Le même jour où Robert d'Estouteville avait remplacé Jacques de Villiers dans la prévôté de Paris, maître Jean Dauvet remplaçait messire Hélye de Thorrettes dans la première présidence de la cour de parlement, Jean Jouvenel des Ursins supplantait Pierre de Morvilliers dans l'office de chancelier de France, Regnault des Dormans désappointait Pierre Puy de la charge de maître des requêtes ordinaires de l'hôtel du roi. Or, sur combien de têtes la présidence, la chancellerie et la maîtrise s'étaient-elles promenées depuis que Robert d'Estouteville avait la prévôté de Paris! Elle lui avait été baillée en garde, disaient les lettres patentes; et certes, il la gardait bien. Il s'y était cramponné, il s'y était incorporé, il s'y était identifié. Si bien qu'il avait échappé à cette furie de changement qui possédait Louis XI, roi défiant, taquin et travailleur qui tenait à entretenir, par des institutions et des révocations fréquentes, l'élasticité de son pouvoir. Il y a plus, le brave chevalier avait obtenu pour son fils la survivance de sa charge, et il y avait déjà deux ans que le nom de noble homme Jacques d'Estouteville, écuyer, figurait à côté du sien en tête du registre de l'ordinaire de la prévôté de Paris. Rare, certes, et insigne faveur! Il est vrai que Robert d'Estouteville était un bon soldat, qu'il avait loyalement levé le pennon contre la ligue du bien public, et qu'il avait offert à la reine un très merveilleux cerf en confitures le jour de son entrée à Paris en 14... Il avait plus la bonne amitié de messire Tristan l'Hermite, prévôt des maréchaux de l'hôtel du roi. C'était donc une très douce et plaisante existence que celle de messire Robert. D'abord, de fort bons gages, auxquels se rattachaient et pendaient, comme des grappes de plus à sa vigne, les revenus des greffes civil et criminel de la prévôté, plus les revenus civils et criminels des auditoires d'Embas du Châtelet, sans compter quelque petit péage au pont de Mantes et de Corbeil, et les profits du tru sur l'esgrin de Paris, sur les mouleurs de bûches et les mesureurs de sel. Ajoutez à cela le plaisir d'étaler dans les chevauchées de la ville et de faire ressortir sur les robes mi-parties rouge et tanné des échevins et des quarteniers son bel habit de guerre que vous pouvez encore admirer aujourd'hui sculpté sur son tombeau à l'abbaye de Valmont en Normandie, et son morion tout bosselé à Montlhéry. Et puis, n'était-ce rien que d'avoir toute suprématie sur les sergents de la douzaine, le concierge et guette du Châtelet, les deux auditeurs du Châtelet, auditores Castelleti, les seize commissaires des seize quartiers, le geôlier du Châtelet, les quatre sergents fieffés, les cent vingt sergents à cheval, les cent vingt sergents à verge, le chevalier du guet avec son guet, son sous-guet, son contre-guet et son arrière-guet? N'était-ce rien que d'exercer haute et basse justice, droit de tourner, de pendre et de traîner, sans compter la menue juridiction en premier ressort, in prima instantia, comme disent les chartes, sur cette vicomté de Paris, si glorieusement apanagée de sept nobles bailliages? Peut-on rien imaginer de plus suave que de rendre arrêts et jugements, comme faisait quotidiennement messire Robert d'Estouteville, dans le Grand-Châtelet, sous les ogives larges et écrasées de Philippe-Auguste? et d'aller, comme il avait coutume chaque soir, en cette charmante maison sise rue Galilée dans le pourpris du Palais-Royal, qu'il tenait du chef de sa femme, madame Ambroise de Loré, se reposer de la fatigue d'avoir envoyé quelque pauvre diable passer la nuit de son côté dans «cette petite logette de la rue de l'Escorcherie, en laquelle les prévôts et échevins de Paris voulaient faire leur prison; contenant icelle onze pieds de long, sept pieds et quatre pouces de lez et onze pieds de haut»?

Et non seulement messire Robert d'Estouteville avait sa justice particulière de prévôt et vicomte de Paris, mais encore il avait part, coup d'oeil et coup de dent dans la grande justice du roi. Il n'y avait pas de tête un peu haute qui ne lui eût passé par les mains avant d'échoir au bourreau. C'est lui qui avait été quérir à la Bastille Saint-Antoine pour le mener aux Halles M. de Nemours, pour le mener en Grève M. de Saint-Pol, lequel rechignait et se récriait, à la grande joie de Monsieur le prévôt qui n'aimait pas Monsieur le connétable.

En voilà, certes, plus qu'il n'en fallait pour faire une vie heureuse et illustre, et pour mériter un jour une page notable dans cette intéressante histoire des prévôts de Paris, où l'on apprend que Oudard de Villeneuve avait une maison rue des Boucheries, que Guillaume de Hangest acheta la grande et petite Savoie, que Guillaume Thiboust donna aux religieuses de Sainte-Geneviève ses maisons de la rue Clopin, que Hugues Aubriot demeurait à l'hôtel du Porc-Épic, et autres faits domestiques.

Toutefois, avec tant de motifs de prendre la vie en patience et en joie, messire Robert d'Estouteville s'était éveillé le matin du 7 janvier 1482 fort bourru et de massacrante humeur. D'où venait cette humeur? c'est ce qu'il n'aurait pu dire lui-même. Était-ce que le ciel était gris? que la boucle de son vieux ceinturon de Montlhéry était mal serrée, et sanglait trop militairement son embonpoint de prévôt? qu'il avait vu passer dans la rue sous sa fenêtre des ribauds lui faisant nargue, allant quatre de bande, pourpoint sans chemise, chapeau sans fond, bissac et bouteille au côté? Était-ce pressentiment vague des trois cent soixante-dix livres seize sols huit deniers que le futur roi Charles VIII devait l'année suivante retrancher des revenus de la prévôté? Le lecteur peut choisir; quant à nous, nous inclinerions à croire tout simplement qu'il était de mauvaise humeur, parce qu'il était de mauvaise humeur.

D'ailleurs, c'était un lendemain de fête, jour d'ennui pour tout le monde, et surtout pour le magistrat chargé de balayer toutes les ordures, au propre et au figuré, que fait une fête à Paris. Et puis, il devait tenir séance au Grand-Châtelet. Or, nous avons remarqué que les juges s'arrangent en général de manière à ce que leur jour d'audience soit aussi leur jour d'humeur, afin d'avoir toujours quelqu'un sur qui s'en décharger commodément, de par le roi, la loi et justice.

Cependant l'audience avait commencé sans lui. Ses lieutenants au civil, au criminel et au particulier faisaient sa besogne, selon l'usage; et dès huit heures du matin, quelques dizaines de bourgeois et de bourgeoises entassés et foulés dans un coin obscur de l'auditoire d'Embas du Châtelet, entre une forte barrière de chêne et le mur, assistaient avec béatitude au spectacle varié et réjouissant de la justice civile et criminelle rendue par maître Florian Barbedienne, auditeur au Châtelet, lieutenant de Monsieur le prévôt, un peu pêle-mêle, et tout à fait au hasard.

La salle était petite, basse, voûtée. Une table fleurdelysée était au fond, avec un grand fauteuil de bois de chêne sculpté, qui était au prévôt et vide, et un escabeau à gauche pour l'auditeur, maître Florian. Au-dessous se tenait le greffier, griffonnant. En face était le peuple; et devant la porte et devant la table force sergents de la prévôté, en hoquetons de camelot violet à croix blanches. Deux sergents du Parloir-aux-Bourgeois, vêtus de leurs jaquettes de la Toussaint, mi-parties rouge et bleu, faisaient sentinelle devant une porte basse fermée qu'on apercevait au fond derrière la table. Une seule fenêtre ogive, étroitement encaissée dans l'épaisse muraille, éclairait d'un rayon blême de janvier deux grotesques figures, le capricieux démon de pierre sculpté en cul-de-lampe dans la clef de la voûte, et le juge assis au fond de la salle sur les fleurs de lys.

En effet, figurez-vous à la table prévôtale, entre deux liasses de procès, accroupi sur ses coudes, le pied sur la queue de sa robe de drap brun plain, la face dans sa fourrure d'agneau blanc, dont ses sourcils semblaient détachés, rouge, revêche, clignant de l'oeil, portant avec majesté la graisse de ses joues, lesquelles se rejoignaient sous son menton, maître Florian Barbedienne, auditeur au Châtelet.

Or l'auditeur était sourd. Léger défaut pour un auditeur. Maître Florian n'en jugeait pas moins sans appel et très congrûment. Il est certain qu'il suffit qu'un juge ait l'air d'écouter; et le vénérable auditeur remplissait d'autant mieux cette condition, la seule essentielle en bonne justice, que son attention ne pouvait être distraite par aucun bruit.

Du reste, il avait dans l'auditoire un impitoyable contrôleur de ses faits et gestes dans la personne de notre ami Jehan Frollo du Moulin, ce petit écolier d'hier, ce piéton qu'on était toujours sûr de rencontrer partout dans Paris, excepté devant la chaire des professeurs.

– Tiens, disait-il tout bas à son compagnon Robin Poussepain qui ricanait à côté de lui, tandis qu'il commentait les scènes qui se déroulaient sous leurs yeux, voilà Jehanneton du Buisson. La belle fille du Cagnard au Marché-Neuf! Sur mon âme, il la condamne, le vieux! il n'a donc pas plus d'yeux que d'oreilles. Quinze sols quatre deniers parisis, pour avoir porté deux patenôtres! C'est un peu cher. Lex duri carminis. – Qu'est celui-là? Robin Chief-de-Ville, haubergier! – Pour avoir été passé et reçu maître audit métier? – C'est son denier d'entrée. – Hé! deux gentilshommes parmi ces marauds! Aiglet de Soins, Hutin de Mailly. Deux écuyers, corpus Christi! Ah! ils ont joué aux dés. Quand verrai-je ici notre recteur? Cent livres parisis d'amende envers le roi! Le Barbedienne frappe comme un sourd, – qu'il est! – Je veux être mon frère l'archidiacre si cela m'empêche de jouer, de jouer le jour, de jouer la nuit, de vivre au jeu, de mourir au jeu et de jouer mon âme après ma chemise! – Sainte Vierge, que de filles! l'une après l'autre, mes brebis! Ambroise Lécuyère! Isabeau la Paynette! Bérarde Gironin! Je les connais toutes, par Dieu! À l'amende! à l'amende! Voilà qui vous apprendra à porter des ceintures dorées! dix sols parisis! coquettes! Oh! le vieux museau de juge, sourd et imbécile! Oh! Florian le lourdaud! Oh! Barbedienne le butor! le voilà à table! il mange du plaideur, il mange du procès, il mange, il mâche, il se gave, il s'emplit. Amendes, épaves, taxes, frais, loyaux coûts, salaires, dommages et intérêts, gehenne, prison et geôle et ceps avec dépens, lui sont camichons de Noël et massepains de la Saint-Jean! Regarde-le, le porc! – Allons! bon! encore une femme amoureuse! Thibaud la Thibaude, ni plus, ni moins! – Pour être sortie de la rue Glatigny! – Quel est ce fils? Gieffroy Mabonne, gendarme cranequinier à main. Il a maugréé le nom du Père. À l'amende, la Thibaude! à l'amende, le Gieffroy! à l'amende tous les deux! Le vieux sourd! il a dû brouiller les deux affaires! Dix contre un qu'il fait payer le juron à la fille et l'amour au gendarme! – Attention, Robin Poussepain! Que vont-ils introduire? Voilà bien des sergents! Par Jupiter! tous les lévriers de la meute y sont. Ce doit être la grosse pièce de la chasse. Un sanglier – C'en est un, Robin! c'en est un. – Et un beau encoller! – Hercle! c'est notre prince d'hier, notre pape des fous, notre sonneur de cloches, notre borgne, notre bossu, notre grimace! C'est Quasimodo!...

Ce n'était rien moins.

C'était Quasimodo, sanglé, cerclé, ficelé, garrotté et sous bonne garde. L'escouade de sergents qui l'environnait était assistée du chevalier du guet en personne, portant brodées les armes de France sur la poitrine et les armes de la ville sur le dos. Il n'y avait rien du reste dans Quasimodo, à part sa difformité, qui pût justifier cet appareil de hallebardes et d'arquebuses. Il était sombre, silencieux et tranquille. À peine son oeil unique jetait-il de temps à autre sur les liens qui le chargeaient un regard sournois et colère.

Il promena ce même regard autour de lui, mais si éteint et si endormi que les femmes ne se le montraient du doigt que pour en rire.

Cependant maître Florian l'auditeur feuilleta avec attention le dossier de la plainte dressée contre Quasimodo, que lui présenta le greffier, et, ce coup d'oeil jeté, parut se recueillir un instant. Grâce à cette précaution qu'il avait toujours soin de prendre au moment de procéder à un interrogatoire, il savait d'avance les noms, qualités, délits du prévenu, faisait des répliques prévues à des réponses prévues, et parvenait à se tirer de toutes les sinuosités de l'interrogatoire, sans trop laisser deviner sa surdité. Le dossier du procès était pour lui le chien de l'aveugle. S'il arrivait par hasard que son infirmité se trahît çà et là par quelque apostrophe incohérente ou quelque question inintelligible, cela passait pour profondeur parmi les uns, et pour imbécillité parmi les autres. Dans les deux cas, l'honneur de la magistrature ne recevait aucune atteinte; car il vaut encore mieux qu'un juge soit réputé imbécile ou profond, que sourd. Il mettait donc grand soin à dissimuler sa surdité aux yeux de tous, et il y réussissait d'ordinaire si bien qu'il était arrivé à se faire illusion à lui-même. Ce qui est du reste plus facile qu'on ne le croit. Tous les bossus vont tête haute, tous les bègues pérorent, tous les sourds parlent bas. Quant à lui, il se croyait tout au plus l'oreille un peu rebelle. C'était la seule concession qu'il fît sur ce point à l'opinion publique, dans ses moments de franchise et d'examen de conscience.

Ayant donc bien ruminé l'affaire de Quasimodo, il renversa sa tête en arrière et ferma les yeux à demi, pour plus de majesté et d'impartialité, si bien qu'il était tout à la fois en ce moment sourd et aveugle. Double condition sans laquelle il n'est pas de juge parfait. C'est dans cette magistrale attitude qu'il commença l'interrogatoire.

– Votre nom?

Or, voici un cas qui n'avait pas été «prévu par la loi», celui où un sourd aurait à interroger un sourd.

Quasimodo, que rien n'avertissait de la question à lui adressée, continua de regarder le juge fixement et ne répondit pas. Le juge, sourd et que rien n'avertissait de la surdité de l'accusé, crut qu'il avait répondu, comme faisaient en général tous les accusés, et poursuivit avec son aplomb mécanique et stupide.

– C'est bien. Votre âge?

Quasimodo ne répondit pas davantage à cette question. Le juge la crut satisfaite, et continua.

– Maintenant, votre état?

Toujours même silence. L'auditoire cependant commençait à chuchoter et à s'entre-regarder.

– Il suffit, reprit l'imperturbable auditeur quand il supposa que l'accusé avait consommé sa troisième réponse. Vous êtes accusé, par-devant nous: primo, de trouble nocturne; secondo, de voie de fait déshonnête sur la personne d'une femme folle, in praejudicium meretricis; tertio, de rébellion et déloyauté envers les archers de l'ordonnance du roi notre sire. Expliquez-vous sur tous ces points. – Greffier, avez-vous écrit ce que l'accusé a dit jusqu'ici?

À cette question malencontreuse, un éclat de rire s'éleva, du greffe à l'auditoire, si violent, si fou, si contagieux, si universel que force fut bien aux deux sourds de s'en apercevoir. Quasimodo se retourna en haussant sa bosse, avec dédain, tandis que maître Florian, étonné comme lui et supposant que le rire des spectateurs avait été provoqué par quelque réplique irrévérente de l'accusé, rendue visible pour lui par ce haussement d'épaules, l'apostropha avec indignation.

– Vous avez fait là, drôle, une réponse qui mériterait la hart! Savez-vous à qui vous parlez?

Cette sortie n'était pas propre à arrêter l'explosion de la gaieté générale. Elle parut à tous si hétéroclite et si cornue que le fou rire gagna jusqu'aux sergents du Parloir-aux-Bourgeois, espèce de valets de pique chez qui la stupidité était d'uniforme. Quasimodo seul conserva son sérieux, par la bonne raison qu'il ne comprenait rien à ce qui se passait autour de lui. Le juge, de plus en plus irrité, crut devoir continuer sur le même ton, espérant par là frapper l'accusé d'une terreur qui réagirait sur l'auditoire et le ramènerait au respect.

– C'est donc à dire, maître pervers et rapinier que vous êtes, que vous vous permettez de manquer à l'auditeur du Châtelet, au magistrat commis à la police populaire de Paris, chargé de faire recherche des crimes, délits et mauvais trains, de contrôler tous métiers et interdire le monopole, d'entretenir les pavés, d'empêcher les regrattiers de poulailles, volailles et sauvagine, de faire mesurer la bûche et autres sortes de bois, de purger la ville des boues et l'air des maladies contagieuses, de vaquer continuellement au fait du public, en un mot, sans gages ni espérances de salaire! Savez-vous que je m'appelle Florian Barbedienne, propre lieutenant de Monsieur le prévôt, et de plus commissaire, enquesteur, contrerolleur et examinateur avec égal pouvoir en prévôté, bailliage, conservation et présidial!...

Il n'y a pas de raison pour qu'un sourd qui parle à un sourd s'arrête. Dieu sait où et quand aurait pris terre maître Florian, ainsi lancé à toutes rames dans la haute éloquence, si la porte basse du fond ne s'était ouverte tout à coup et n'avait donné passage à Monsieur le prévôt en personne.

À son entrée, maître Florian ne resta pas court, mais faisant un demi-tour sur ses talons, et pointant brusquement sur le prévôt la harangue dont il foudroyait Quasimodo le moment d'auparavant: –

Monseigneur, dit-il, je requiers telle peine qu'il vous plaira contre l'accusé ci-présent, pour grave et mirifique manquement à justice.

Et il se rassit tout essoufflé, essuyant de grosses gouttes de sueur qui tombaient de son front et trempaient comme larmes les parchemins étalés devant lui. Messire Robert d'Estouteville fronça le sourcil et fit à Quasimodo un geste d'attention tellement impérieux et significatif, que le sourd en comprit quelque chose.

Le prévôt lui adressa la parole avec sévérité: – Qu'est-ce que tu as donc fait pour être ici, maraud?

Le pauvre diable, supposant que le prévôt lui demandait son nom, rompit le silence qu'il gardait habituellement, et répondit avec une voix rauque et gutturale: – Quasimodo.

La réponse coïncidait si peu avec la question, que le fou rire recommença à circuler, et que messire Robert s'écria, rouge de colère: – Te railles-tu aussi de moi, drôle fieffé?

– Sonneur de cloches à Notre-Dame, répondit Quasimodo, croyant qu'il s'agissait d'expliquer au juge qui il était.

– Sonneur de cloches! reprit le prévôt, qui s'était éveillé le matin d'assez mauvaise humeur, comme nous l'avons dit, pour que sa fureur n'eût pas besoin d'être attisée par de si étranges réponses. Sonneur de cloches! Je te ferai faire sur le dos un carillon de houssines par les carrefours de Paris. Entends-tu, maraud?

– Si c'est mon âge que vous voulez savoir, dit Quasimodo, je crois que j'aurai vingt ans à la Saint-Martin.

Pour le coup, c'était trop fort; le prévôt n'y put tenir.

– Ah! tu nargues la prévôté, misérable! Messieurs les sergents à verge, vous me mènerez ce drôle au pilori de la Grève, vous le battrez et vous le tournerez une heure. Il me le paiera, tête-Dieu! et je veux qu'il soit fait un cri du présent jugement, avec assistance de quatre trompettes-jurés, dans les sept châtellenies de la vicomté de Paris.

Le greffier se mit à rédiger incontinent le jugement.

– Ventre-Dieu! que voilà qui est bien jugé! s'écria de son coin le petit écolier Jehan Frollo du Moulin.

Le prévôt se retourna et fixa de nouveau sur Quasimodo ses yeux étincelants. – Je crois que le drôle a dit ventre-Dieu! Greffier, ajoutez douze deniers parisis d'amende pour jurement, et que la fabrique de Saint-Eustache en aura la moitié. J'ai une dévotion particulière à Saint-Eustache.

En quelques minutes, le jugement fut dressé. La teneur en était simple et brève. La coutume de la prévôté et vicomté de Paris n'avait pas encore été travaillée par le président Thibaut Baillet et par Roger Barmne, l'avocat du roi. Elle n'était pas obstruée alors par cette haute futaie de chicanes et de procédures que ces deux jurisconsultes y plantèrent au commencement du seizième siècle. Tout y était clair, expéditif, explicite. On y cheminait droit au but, et l'on apercevait tout de suite au bout de chaque sentier, sans broussailles et sans détour, la roue, le gibet ou le pilori. On savait du moins où l'on allait.

Le greffier présenta la sentence au prévôt, qui y apposa son sceau, et sortit pour continuer sa tournée dans les auditoires, avec une disposition d'esprit qui dut peupler ce jour-là toutes les geôles de

Paris. Jehan Frollo et Robin Poussepain riaient sous cape. Quasimodo regardait le tout d'un air indifférent et étonné.

Cependant le greffier, au moment où maître Florian Barbedienne lisait à son tour le jugement pour le signer, se sentit ému de pitié pour le pauvre diable de condamné, et, dans l'espoir d'obtenir quelque diminution de peine, il s'approcha le plus près qu'il put de l'oreille de l'auditeur et lui dit en lui montrant Quasimodo: – Cet homme est sourd.

Il espérait que cette communauté d'infirmité éveillerait l'intérêt de maître Florian en faveur du condamné. Mais d'abord, nous avons déjà observé que maître Florian ne se souciait pas qu'on s'aperçût de sa surdité. Ensuite, il avait l'oreille si dure qu'il n'entendit pas un mot de ce que lui dit le greffier; pourtant, il voulut avoir l'air d'entendre, et répondit: – Ah! ah! c'est différent. Je ne savais pas cela. Une heure de pilori de plus, en ce cas.

Et il signa la sentence ainsi modifiée.

– C'est bien fait, dit Robin Poussepain qui gardait une dent à Quasimodo, cela lui apprendra à rudoyer les gens.

II

LE TROU AUX RATS

QUE le lecteur nous permette de le ramener à la place de Grève, que nous avons quittée hier avec Gringoire pour suivre la Esmeralda.

Il est dix heures du matin. Tout y sent le lendemain de fête. Le pavé est couvert de débris, rubans, chiffons, plumes des panaches, gouttes de cire des flambeaux, miettes de la ripaille publique. Bon nombre de bourgeois flânent, comme nous disons, çà et là, remuant du pied les tisons éteints du feu de joie, s'extasiant devant la Maison-aux-Piliers, au souvenir des belles tentures de la veille, et regardant aujourd'hui les clous, dernier plaisir. Les vendeurs de cidre et de cervoise roulent leur barrique à travers les groupes. Quelques passants affairés vont et viennent. Les marchands causent et s'appellent du seuil des boutiques. La fête, les ambassadeurs, Coppenole, le pape des fous, sont dans toutes les bouches. C'est à qui glosera le mieux et rira le plus. Et cependant, quatre sergents à cheval qui viennent de se poster aux quatre côtés du pilori ont déjà concentré autour d'eux une bonne portion du populaire épars sur la place, qui se condamne à l'immobilité et à l'ennui dans l'espoir d'une petite exécution.

Si maintenant le lecteur, après avoir contemplé cette scène vive et criarde qui se joue sur tous les points de la place, porte ses regards vers cette antique maison demi-gothique, demi-romane, de la Tour-Roland qui fait le coin du quai au couchant, il pourra remarquer à l'angle de la façade un gros bréviaire public à riches enluminures, garanti de la pluie par un petit auvent, et des voleurs par un grillage qui permet toutefois de le feuilleter. À côté de ce bréviaire est une étroite lucarne ogive, fermée de deux barreaux de fer en croix, donnant sur la place, seule ouverture qui laisse arriver un peu d'air et de jour à une petite cellule sans porte pratiquée au rez-de-chaussée dans l'épaisseur du mur de la vieille maison, et pleine d'une paix d'autant plus profonde, d'un silence d'autant plus morne qu'une place publique, la plus populeuse et la plus bruyante de Paris, fourmille et glapit à l'entour.

Cette cellule était célèbre dans Paris depuis près de trois siècles que madame Rolande de la Tour-Roland, en deuil de son père mort à la croisade, l'avait fait creuser dans la muraille de sa propre maison pour s'y enfermer à jamais, ne gardant de son palais que ce logis dont la porte était murée et la lucarne ouverte, hiver comme été, donnant tout le reste aux pauvres et à Dieu. La désolée demoiselle avait en effet attendu vingt ans la mort dans cette tombe anticipée, priant nuit et jour pour l'âme de son père, dormant dans la cendre, sans même avoir une pierre pour oreiller, vêtue d'un sac noir, et ne vivant que de ce que la pitié des passants déposait de pain et d'eau sur le rebord de sa lucarne, recevant ainsi la charité après l'avoir faite. À sa mort, au moment de passer dans l'autre sépulcre, elle avait légué à perpétuité celui-ci aux femmes affligées, mères, veuves ou filles, qui auraient beaucoup à prier pour autrui ou pour elles, et qui voudraient s'enterrer vives dans une grande douleur ou dans une grande pénitence. Les pauvres de son temps lui avaient fait de belles funérailles de larmes et de bénédictions; mais, à leur grand regret, la pieuse fille n'avait pu être canonisée sainte, faute de protections. Ceux d'entre eux qui étaient un peu impies avaient espéré que la chose se ferait en paradis plus aisément qu'à Rome, et avaient tout bonnement prié Dieu pour la défunte, à défaut du pape. La plupart s'étaient contentés de tenir la mémoire de Rolande pour sacrée et de faire reliques de ses haillons. La ville, de son côté, avait fondé, à l'intention de la demoiselle, un bréviaire public qu'on avait scellé près de la lucarne de la cellule, afin que les passants s'y arrêtassent de temps à autre, ne fût-ce que pour prier, que la prière fît songer à l'aumône, et que les pauvres recluses, héritières du caveau de madame Rolande, n'y mourussent pas tout à fait de faim et d'oubli.

Ce n'était pas du reste chose très rare dans les villes du moyen âge que cette espèce de tombeaux. On rencontrait souvent, dans la rue la plus fréquentée, dans le marché le plus bariolé et le plus assourdissant, tout au beau milieu, sous les pieds des chevaux, sous la roue des charrettes en quelque sorte, une cave, un puits, un cabanon muré et grillé, au fond duquel priait jour et nuit un être humain, volontairement dévoué à quelque lamentation éternelle, à quelque grande expiation. Et toutes les réflexions qu'éveillerait en nous aujourd'hui cet étrange spectacle, cette horrible cellule, sorte d'anneau intermédiaire de la maison et de la tombe, du cimetière et de la cité, ce vivant retranché de la communauté humaine et compté désormais chez les morts, cette lampe consumant sa dernière goutte d'huile dans l'ombre, ce reste de vie vacillant dans une fosse, ce souffle, cette voix, cette prière éternelle dans une boîte de pierre, cette face à jamais tournée vers l'autre monde, cet oeil déjà illuminé d'un autre soleil, cette oreille collée aux parois de la tombe, cette âme prisonnière dans ce corps, ce corps prisonnier dans ce cachot, et sous cette double enveloppe de chair et de granit le bourdonnement de cette âme en peine, rien de tout cela n'était perçu par la foule. La piété peu raisonneuse et peu subtile de ce temps-là ne voyait pas tant de facettes à un acte de religion. Elle prenait la chose en bloc, et honorait, vénérait, sanctifiait au besoin le sacrifice, mais n'en analysait pas les souffrances et s'en apitoyait médiocrement. Elle apportait de temps en temps quelque pitance au misérable pénitent, regardait par le trou s'il vivait encore, ignorait son nom, savait à peine depuis combien d'années il avait commencé à mourir, et à l'étranger qui les questionnait sur le squelette vivant qui pourrissait dans cette cave, les voisins répondaient simplement, si c'était un homme: – «C'est le reclus»; si c'était une femme: – «C'est la recluse».

On voyait tout ainsi alors, sans métaphysique, sans exagération, sans verre grossissant, à l'oeil nu. Le microscope n'avait pas encore été inventé, ni pour les choses de la matière, ni pour les choses de l'esprit.

D'ailleurs, bien qu'on s'en émerveillât peu, les exemples de cette espèce de claustration au sein des villes étaient, en vérité, fréquents, comme nous le disions tout à l'heure. Il y avait dans Paris assez bon nombre de ces cellules à prier Dieu et à faire pénitence; elles étaient presque toutes occupées. Il est vrai que le clergé ne se souciait pas de les laisser vides, ce qui impliquait tiédeur dans les croyants, et qu'on y mettait des lépreux quand on n'avait pas de pénitents. Outre la logette de la Grève, il y en avait une à Montfaucon, une au charnier des Innocents, une autre je ne sais plus où, au logis Clichon, je crois. D'autres encore à beaucoup d'endroits où l'on en retrouve la trace dans les traditions, à défaut des monuments. L'Université avait aussi la sienne. Sur la montagne Sainte-Geneviève une espèce de Job du moyen-âge chanta pendant trente ans les sept Psaumes de la pénitence sur un fumier, au fond d'une citerne, recommençant quand il avait fini, psalmodiant plus haut la nuit, magna voce per umbras, et aujourd'hui l'antiquaire croit entendre encore sa voix en entrant dans la rue du Puits-qui-parle.

Pour nous en tenir à la loge de la Tour-Roland, nous devons dire qu'elle n'avait jamais chômé de recluses. Depuis la mort de madame Rolande, elle avait été rarement une année ou deux vacante. Maintes femmes étaient venues y pleurer, jusqu'à la mort, des parents, des amants, des fautes. La malice parisienne qui se mêle de tout, même des choses qui la regardent le moins, prétendait qu'on y avait vu peu de veuves.

Selon la mode de l'époque, une légende latine, inscrite sur le mur, indiquait au passant lettré la destination pieuse de cette cellule. L'usage s'est conservé jusqu'au milieu du seizième siècle d'expliquer un édifice par une brève devise écrite au-dessus de la porte. Ainsi on lit encore en France au-dessus du guichet de la prison de la maison seigneuriale de Tourville: Sileto et spera; en Irlande, sous l'écusson qui surmonte la grande porte du château de Fortescue: Forte scutum, salus ducum; en Angleterre, sur l'entrée principale du manoir hospitalier des comtes Cowper: Tuum est. C'est qu'alors tout édifice était une pensée.

Comme il n'y avait pas de porte à la cellule murée de la Tour-Roland, on avait gravé en grosses lettres romanes au-dessus de la fenêtre ces deux mots:

TU, ORA.

Ce qui fait que le peuple, dont le bon sens ne voit pas tant de finesse dans les choses et traduit volontiers Ludovico Magno par Porte Saint-Denis, avait donné à cette cavité noire, sombre et humide, le nom de Trou aux Rats. Explication moins sublime peut-être que l'autre, mais en revanche plus pittoresque.

III

HISTOIRE D'UNE GALETTE

AU LEVAIN DE MAÏS

À l'époque où se passe cette histoire, la cellule de la Tour-Roland était occupée. Si le lecteur désire savoir par qui, il n'a qu'à écouter la conversation de trois braves commères qui, au moment où nous avons arrêté son attention sur le Trou aux Rats, se dirigeaient précisément du même côté en remontant du Châtelet vers la Grève, le long de l'eau.

Deux de ces femmes étaient vêtues en bonnes bourgeoises de Paris. Leur fine gorgerette blanche, leur jupe de tiretaine rayée rouge et bleue, leurs chausses de tricot blanc, à coins brodés en couleur, bien tirées sur la jambe, leurs souliers carrés de cuir fauve à semelles noires et surtout leur coiffure, cette espèce de corne de clinquant surchargée de rubans et de dentelles que les champenoises portent encore, concurremment avec les grenadiers de la garde impériale russe, annonçaient qu'elles appartenaient à cette classe de riches marchandes qui tient le milieu entre ce que les laquais appellent une femme et ce qu'ils appellent une dame. Elles ne portaient ni bagues, ni croix d'or, et il était aisé de voir que ce n'était pas chez elles pauvreté, mais tout ingénument peur de l'amende. Leur compagne était attifée à peu près de la même manière, mais il y avait dans sa mise et dans sa tournure ce je ne sais quoi qui sent la femme de notaire de province. On voyait à la manière dont sa ceinture lui remontait au-dessus des hanches qu'elle n'était pas depuis longtemps à Paris. Ajoutez à cela une gorgerette plissée, des noeuds de rubans sur les souliers, que les raies de la jupe étaient dans la largeur et, non dans la longueur, et mille autres énormités dont s'indignait le bon goût.

Les deux premières marchaient de ce pas particulier aux parisiennes qui font voir Paris à des provinciales. La provinciale tenait à sa main un gros garçon qui tenait à la sienne une grosse galette.

Nous sommes fâché d'avoir à ajouter que, vu la rigueur de la saison, il faisait de sa langue son mouchoir. L'enfant se faisait traîner, non passibos aequis, comme dit Virgile, et trébuchait à chaque moment, au grand récri de sa mère. Il est vrai qu'il regardait plus la galette que le pavé. Sans doute quelque grave motif l'empêchait d'y mordre (à la galette), car il se contentait de la considérer tendrement. Mais la mère eût dû se charger de la galette. Il y avait cruauté à faire un Tantale du gros joufflu.

Cependant les trois damoiselles (car le nom de dames était réservé alors aux femmes nobles) parlaient à la fois.

– Dépêchons-nous, damoiselle Mahiette, disait la plus jeune des trois, qui était aussi la plus grosse, à la provinciale. J'ai grand'peur que nous n'arrivions trop tard. On nous disait au Châtelet qu'on allait le mener tout de suite au pilori.

– Ah bah! que dites-vous donc là, damoiselle Oudarde Musnier? reprenait l'autre parisienne. Il restera deux heures au pilori. Nous avons le temps. Avez-vous jamais vu pilorier, ma chère Mahiette?

– Oui, dit la provinciale, à Reims.

– Ah! bah! qu'est-ce que c'est que ça, votre pilori de Reims? Une méchante cage où l'on ne tourne que des paysans. Voilà grand'chose!

– Que des paysans! dit Mahiette, au Marché-aux-Draps à Reims! Nous y avons vu de fort beaux criminels, et qui avaient tué père et mère! Des paysans! pour qui nous prenez-vous, Gervaise?

Il est certain que la provinciale était sur le point de se fâcher, pour l'honneur de son pilori. Heureusement la discrète damoiselle Oudarde Musnier détourna à temps la conversation.

– À propos, damoiselle Mahiette, que dites-vous de nos ambassadeurs flamands? en avez-vous d'aussi beaux à Reims?

– J'avoue, répondit Mahiette, qu'il n'y a que Paris pour voir des flamands comme ceux-là.

– Avez-vous vu dans l'ambassade ce grand ambassadeur qui est chaussetier? demanda Oudarde.

– Oui, dit Mahiette. Il a l'air d'un Saturne.

– Et ce gros dont la figure ressemble à un ventre nu? reprit Gervaise. Et ce petit qui a de petits yeux bordés d'une paupière rouge, ébarbillonnée et déchiquetée comme une tête de chardon?

– Ce sont leurs chevaux qui sont beaux à voir, dit Oudarde, vêtus comme ils sont à la mode de leur pays!

– Ah! ma chère, interrompit la provinciale Mahiette prenant à son tour un air de supériorité, qu'est-ce que vous diriez donc si vous aviez vu, en 61, au sacre de Reims, il y a dix-huit ans, les chevaux des princes et de la compagnie du roi! Des houssures et caparaçons de toutes sortes; les uns de drap de Damas, de fin drap d'or, fourrés de martres zibelines; les autres, de velours, fourrés de pennes d'hermine; les autres, tout chargés d'orfèvrerie et de grosses campanes d'or et d'argent! Et la finance que cela avait coûté! Et les beaux enfants pages qui étaient dessus!

– Cela n'empêche pas, répliqua sèchement demoiselle Oudarde, que les flamands ont de fort beaux chevaux et qu'ils ont fait hier un souper superbe chez Monsieur le prévôt des marchands, à l'Hôtel de Ville, où on leur a servi des dragées, de l'hypocras, des épices, et autres singularités.

– Que dites-vous là, ma voisine? s'écria Gervaise. C'est chez Monsieur le cardinal, au Petit-Bourbon, que les flamands ont soupé.

– Non pas. À l'Hôtel de Ville!

– Si fait. Au Petit-Bourbon!

– C'est si bien à l'Hôtel de Ville, reprit Oudarde avec aigreur, que le docteur Scourable leur a fait une harangue en latin, dont ils sont demeurés fort satisfaits. C'est mon mari, qui est libraire-juré, qui me l'a dit.

– C'est si bien au Petit-Bourbon, répondit Gervaise non moins vivement, que voici ce que leur a présenté le procureur de Monsieur le cardinal: douze doubles quarts d'hypocras blanc, clairet et vermeil; vingt-quatre layettes de massepain double de Lyon doré; autant de torches de deux livres pièce, et six demi-queues de vin de Beaune, blanc et clairet, le meilleur qu'on ait pu trouver. J'espère que cela est positif. Je le tiens de mon mari, qui est cinquantenier au Parloir-aux-Bourgeois, et qui faisait ce matin la comparaison des ambassadeurs flamands avec ceux du Prete-Jan et de l'empereur de Trébisonde qui sont venus de Mésopotamie à Paris sous le dernier roi, et qui avaient des anneaux aux oreilles.

– Il est si vrai qu'ils ont soupé à l'Hôtel de Ville, répliqua Oudarde peu émue de cet étalage, qu'on n'a jamais vu un tel triomphe de viandes et de dragées.

– Je vous dis, moi, qu'ils ont été servis par Le Sec, sergent de la ville, à l'hôtel du Petit-Bourbon, et que c'est là ce qui vous trompe.

– À l'Hôtel de Ville, vous dis-je!

– Au Petit-Bourbon, ma chère! si bien qu'on avait illuminé en verres magiques le mot Espérance qui est écrit sur le grand portail.

– À l'Hôtel de Ville! à l'Hôtel de Ville! Même que Husson le Voir jouait de la flûte!

– Je vous dis que non!

– Je vous dis que si!

– Je vous dis que non!

La bonne grosse Oudarde se préparait à répliquer, et la querelle en fût peut-être venue aux coiffes, si Mahiette ne se fût écriée tout à coup: – Voyez donc ces gens qui se sont attroupés là-bas au bout du pont! Il y a au milieu d'eux quelque chose qu'ils regardent.

– En vérité, dit Gervaise, j'entends tambouriner. Je crois que c'est la petite Smeralda qui fait ses momeries avec sa chèvre. Eh vite, Mahiette! doublez le pas et traînez votre garçon. Vous êtes venue ici pour visiter les curiosités de Paris. Vous avez vu hier les flamands; il faut voir aujourd'hui l'égyptienne.

– L'égyptienne! dit Mahiette en rebroussant brusquement chemin, et en serrant avec force le bras de son fils. Dieu m'en garde! elle me volerait mon enfant! – Viens, Eustache!

Et elle se mit à courir sur le quai vers la Grève, jusqu'à ce qu'elle eût laissé le pont bien loin derrière elle. Cependant l'enfant, qu'elle traînait, tomba sur les genoux; elle s'arrêta essoufflée. Oudarde et Gervaise la rejoignirent.

– Cette égyptienne vous voler votre enfant? dit Gervaise. Vous avez là une singulière fantaisie.

Mahiette hochait la tête d'un air pensif.

– Ce qui est singulier, observa Oudarde, c'est que la sachette a la même idée des égyptiennes.

– Qu'est-ce que c'est que la sachette? dit Mahiette.

– Hé! dit Oudarde, soeur Gudule.

– Qu'est-ce que c'est, reprit Mahiette, que soeur Gudule?

– Vous êtes bien de votre Reims, de ne pas savoir cela! répondit Oudarde. C'est la recluse du Trou aux Rats.

– Comment! demanda Mahiette, cette pauvre femme à qui nous portons cette galette?

Oudarde fit un signe de tête affirmatif.

– Précisément. Vous allez la voir tout à l'heure à sa lucarne sur la Grève. Elle a le même regard que vous sur ces vagabonds d'Égypte qui tambourinent et disent la bonne aventure au public. On ne sait pas d'où lui vient cette horreur des zingari et des égyptiens. Mais vous, Mahiette, pourquoi donc vous sauvez-vous ainsi, rien qu'à les voir?

– Oh! dit Mahiette en saisissant entre ses deux mains la tête ronde de son enfant, je ne veux pas qu'il m'arrive ce qui est arrivé à Paquette la Chantefleurie.

– Ah! voilà une histoire que vous allez nous conter, ma bonne Mahiette, dit Gervaise en lui prenant le bras.

– Je veux bien, répondit Mahiette, mais il faut que vous soyez bien de votre Paris pour ne pas savoir cela! Je vous dirai donc, – mais il n'est pas besoin de nous arrêter pour conter la chose, – que Paquette la Chantefleurie était une jolie fille de dix-huit ans quand j'en étais une aussi, c'est-à-dire il y a dix-huit ans, et que c'est sa faute si elle n'est pas aujourd'hui, comme moi, une bonne grosse fraîche mère de trente-six ans, avec un homme et un garçon. Au reste, dès l'âge de quatorze ans, il n'était plus temps! – C'était donc la fille de Guybertaut, ménestrel de bateaux à Reims, le même qui avait joué devant le roi Charles VII, à son sacre, quand il descendit notre rivière de Vesle depuis Sillery jusqu'à Muison, que même madame la Pucelle était dans le bateau. Le vieux père mourut, que Paquette était encore tout enfant; elle n'avait donc plus que sa mère, soeur de M. Mathieu Pradon, maître dinandinier et chaudronnier à Paris, rue Parin-Garlin, lequel est mort l'an passé. Vous voyez qu'elle était de famille. La mère était une bonne femme, par malheur, et n'apprit rien à Paquette qu'un peu de doreloterie et de bimbeloterie qui n'empêchait pas la petite de devenir fort grande et de rester fort pauvre. Elles demeuraient toutes deux à Reims le long de la rivière, rue de Folle-Peine. Notez ceci; je crois que c'est là ce qui porta malheur à Paquette. En 61, l'année du sacre de notre roi Louis onzième que Dieu garde, Paquette était si gaie et si jolie qu'on ne l'appelait partout que la Chantefleurie. Pauvre fille! – Elle avait de jolies dents, elle aimait à rire pour les faire voir. Or, fille qui aime à rire s'achemine à pleurer; les belles dents perdent les beaux yeux. C'était donc la Chantefleurie. Elle et sa mère gagnaient durement leur vie. Elles étaient bien déchues depuis la mort du ménétrier. Leur doreloterie ne leur rapportait guère plus de six deniers par semaine, ce qui ne fait pas tout à fait deux liards-à-l'aigle. Où était le temps que le père Guybertaut gagnait douze sols parisis dans un seul sacre avec une chanson? Un hiver – c'était en cette même année 61, – que les deux femmes n'avaient ni bûches ni fagots, et qu'il faisait très froid, cela donna de si belles couleurs à la Chantefleurie, que les hommes l'appelaient: Paquette! que plusieurs l'appelèrent Pâquerette! et qu'elle se perdit. – Eustache! que je te voie mordre dans la galette! – Nous vîmes tout de suite qu'elle était perdue, un dimanche qu'elle vint à l'église avec une croix d'or au cou. – À quatorze ans! voyez-vous cela! – Ce fut d'abord le jeune vicomte de Cormontreuil, qui a son clocher à trois quarts de lieue de Reims; puis, messire Henri de Triancourt, chevaucheur du roi; puis, moins que cela, Chiart de Beaulion, sergent d'armes; puis, en descendant toujours, Guery Aubergeon, valet tranchant du roi; puis, Macé de Frépus, barbier de M. le Dauphin; puis, Thévenin le Moine, queux-le-roi; puis, toujours ainsi de moins jeune en moins noble, elle tomba à Guillaume Racine, ménestrel de vielle, et à Thierry de Mer, lanternier. Alors, pauvre Chantefleurie, elle fut toute à tous. Elle était arrivée au dernier sol de sa pièce d'or. Que vous dirai-je, mesdamoiselles? Au sacre, dans la même année 61, c'est elle qui fit le lit du roi des ribauds! – Dans la même année!

Mahiette soupira, et essuya une larme qui roulait dans ses yeux.

– Voilà une histoire qui n'est pas très extraordinaire, dit Gervaise, et je ne vois pas en tout cela d'égyptiens ni d'enfants.

– Patience! reprit Mahiette; d'enfant, vous allez en voir un. – En 66, il y aura seize ans ce mois-ci à la Sainte-Paule, Paquette accoucha d'une petite fille. La malheureuse! elle eut une grande joie. Elle désirait un enfant depuis longtemps. Sa mère, bonne femme qui n'avait jamais su que fermer les yeux, sa mère était morte. Paquette n'avait plus rien à aimer au monde, plus rien qui l'aimât. Depuis cinq ans qu'elle avait failli, c'était une pauvre créature que la

Chantefleurie. Elle était seule, seule dans cette vie, montrée au doigt, criée par les rues, battue des sergents, moquée des petits garçons en guenilles. Et puis, les vingt ans étaient venus; et vingt ans, c'est la vieillesse pour les femmes amoureuses. La folie commençait à ne pas lui rapporter plus que la doreloterie autrefois; pour une ride qui venait, un écu s'en allait; l'hiver lui redevenait dur, le bois se faisait derechef rare dans son cendrier et le pain dans sa huche. Elle ne pouvait plus travailler, parce qu'en devenant voluptueuse elle était devenue paresseuse, et elle souffrait beaucoup plus, parce qu'en devenant paresseuse elle était devenue voluptueuse. – C'est du moins comme cela que M. le curé de Saint-Remy explique pourquoi ces femmes-là ont plus froid et plus faim que d'autres pauvresses quand elles sont vieilles.

– Oui, observa Gervaise, mais les égyptiens?

– Un moment donc, Gervaise! dit Oudarde dont l'attention était moins impatiente. Qu'est-ce qu'il y aurait à la fin si tout était au commencement? Continuez, Mahiette, je vous prie. Cette pauvre Chantefleurie!

Mahiette poursuivit.

– Elle était donc bien triste, bien misérable, et creusait ses joues avec ses larmes. Mais dans sa honte, dans sa folie et dans son abandon, il lui semblait qu'elle serait moins honteuse, moins folle et moins abandonnée, s'il y avait quelque chose au monde ou quelqu'un qu'elle pût aimer et qui pût l'aimer. Il fallait que ce fût un enfant, parce qu'un enfant seul pouvait être assez innocent pour cela. – Elle avait reconnu ceci après avoir essayé d'aimer un voleur, le seul homme qui pût vouloir d'elle; mais au bout de peu de temps elle s'était aperçue que le voleur la méprisait. – À ces femmes d'amour il faut un amant ou un enfant pour leur remplir le coeur. Autrement elles sont bien malheureuses. – Ne pouvant avoir d'amant, elle se tourna toute au désir d'un enfant, et comme elle n'avait pas cessé d'être pieuse, elle en fit son éternelle prière au bon Dieu. Le bon Dieu eut donc pitié d'elle, et lui donna une petite fille. Sa joie, je ne vous en parle pas. Ce fut une furie de larmes, de caresses et de baisers. Elle allaita elle-même son enfant, lui fit des langes avec sa couverture, la seule qu'elle eût sur son lit, et ne sentit plus ni le froid ni la faim. Elle en redevint belle. Vieille fille fait jeune mère. La galanterie reprit, on revint voir la Chantefleurie, elle retrouva chalands pour sa marchandise, et de toutes ces horreurs elle fit des layettes, béguins et baverolles, des brassières de dentelle et des petits bonnets de satin, sans même songer à se racheter une couverture. – Monsieur Eustache, je vous ai déjà dit de ne pas manger la galette. – Il est sûr que la petite Agnès – c'était le nom de l'enfant, nom de baptême, car de nom de famille, il y a longtemps que la Chantefleurie n'en avait plus, – il est certain que cette petite était plus emmaillottée de rubans et de broderies qu'une dauphine du Dauphiné! Elle avait entre autres une paire de petits souliers! que le roi Louis XI n'en a certainement pas eu de pareils! Sa mère les lui avait cousus et brodés elle-même, elle y avait mis toutes ses finesses de dorelotière et toutes les passequilles d'une robe de bonne Vierge. C'étaient bien les deux plus mignons souliers roses qu'on pût voir. Ils étaient longs tout au plus comme mon pouce, et il fallait en voir sortir les petits pieds de l'enfant pour croire qu'ils avaient pu y entrer. Il est vrai que ces petits pieds étaient si petits, si jolis, si roses! plus roses que le satin des souliers! – Quand vous aurez des enfants, Oudarde, vous saurez que rien n'est plus joli que ces petits pieds et ces petites mains-là.

– Je ne demande pas mieux, dit Oudarde, en soupirant, mais j'attends que ce soit le bon plaisir de Monsieur Andry Musnier.

– Au reste, reprit Mahiette, l'enfant de Paquette n'avait pas que les pieds de joli. Je l'ai vue quand elle n'avait que quatre mois. C'était un amour! Elle avait les yeux plus grands que la bouche. Et les plus charmants fins cheveux noirs, qui frisaient déjà. Cela aurait fait une fière brune, à seize ans! Sa mère en devenait de plus en plus folle tous les jours. Elle la caressait, la baisait, la chatouillait, la lavait, l'attifait, la mangeait! Elle en perdait la tête, elle en remerciait Dieu. Ses jolis pieds roses surtout, c'était un ébahissement sans fin, c'était un délire de joie! elle y avait toujours les lèvres collées et ne pouvait revenir de leur petitesse. Elle les mettait dans les petits souliers, les retirait, les admirait, s'en émerveillait, regardait le jour au travers, s'apitoyait de les essayer à la marche sur son lit, et eût volontiers passé sa vie à genoux, à chausser et à déchausser ces pieds-là comme ceux d'un enfant-Jésus.

– Le conte est bel et bon, dit à mi-voix la Gervaise, mais où est l'Égypte dans tout cela?

– Voici, répliqua Mahiette. Il arriva un jour à Reims des espèces de cavaliers fort singuliers. C'étaient des gueux et des truands qui cheminaient dans le pays, conduits par leur duc et par leurs comtes. Ils étaient basanés, avaient les cheveux tout frisés, et des anneaux d'argent aux oreilles. Les femmes étaient encore plus laides que les hommes. Elles avaient le visage plus noir et toujours découvert, un méchant roquet sur le corps, un vieux drap tissu de cordes lié sur l'épaule, et la chevelure en queue de cheval. Les enfants qui se vautraient dans leurs jambes auraient fait peur à des singes. Une bande d'excommuniés. Tout cela venait en droite ligne de la basse Égypte à Reims par la Pologne. Le pape les avait confessés, à ce qu'on disait, et leur avait donné pour pénitence d'aller sept ans de suite par le monde, sans coucher dans des lits. Aussi ils s'appelaient Penanciers et puaient. Il paraît qu'ils avaient été autrefois sarrasins, ce qui fait qu'ils croyaient à Jupiter, et qu'ils réclamaient dix livres tournois de tous archevêques, évêques et abbés crossés et mitrés. C'est une bulle du pape qui leur valait cela. Ils venaient à Reims dire la bonne aventure au nom du roi d'Alger et de l'empereur d'Allemagne. Vous pensez bien qu'il n'en fallut pas davantage pour qu'on leur interdît l'entrée de la ville. Alors toute la bande campa de bonne grâce près de la Porte de Braine, sur cette butte où il y a un moulin, à côté des trous des anciennes crayères. Et ce fut dans Reims à qui les irait voir. Ils vous regardaient dans la main et vous disaient des prophéties merveilleuses. Ils étaient de force à prédire à Judas qu'il serait pape. Il courait cependant sur eux de méchants bruits d'enfants volés et de bourses coupées et de chair humaine mangée. Les gens sages disaient aux fous: N'y allez pas, et y allaient de leur côté en cachette. C'était donc un emportement. Le fait est qu'ils disaient des choses à étonner un cardinal. Les mères faisaient grand triomphe de leurs enfants depuis que les égyptiennes leur avaient lu dans la main toutes sortes de miracles écrits en païen et en turc. L'une avait un empereur, l'autre un pape, l'autre un capitaine. La pauvre Chantefleurie fut prise de curiosité. Elle voulut savoir ce qu'elle avait, et si sa jolie petite Agnès ne serait pas un jour impératrice d'Arménie ou d'autre chose. Elle la porta donc aux égyptiens; et les égyptiennes d'admirer l'enfant, de la caresser, de la baiser avec leurs bouches noires, et de s'émerveiller sur sa petite main. Hélas! à la grande joie de la mère. Elles firent fête surtout aux jolis pieds et aux jolis souliers. L'enfant n'avait pas encore un an. Elle bégayait déjà, riait à sa mère comme une petite folle, était grasse et toute ronde, et avait mille charmants petits gestes des anges du paradis. Elle fut très effarouchée des égyptiennes, et pleura. Mais la mère la baisa plus fort et s'en alla ravie de la bonne aventure que les devineresses avaient dite à son Agnès. Ce devait être une beauté, une vertu, une reine. Elle retourna donc dans son galetas de la rue Folle-Peine, toute fière d'y rapporter une reine. Le lendemain, elle profita d'un moment où l'enfant dormait sur son lit, car elle la couchait toujours avec elle, laissa tout doucement la porte entr'ouverte, et courut raconter à une voisine de la rue de la Séchesserie qu'il viendrait un jour où sa fille Agnès serait servie à table par le roi d'Angleterre et l'archiduc d'Ethiopie, et cent autres surprises. À son retour, n'entendant pas de cris en montant son escalier, elle se dit: Bon! l'enfant dort toujours. Elle trouva sa porte plus grande ouverte qu'elle ne l'avait laissée, elle entra pourtant, la pauvre mère, et courut au lit... – L'enfant n'y était plus, la place était vide. Il n'y avait plus rien de l'enfant, sinon un de ses jolis petits souliers. Elle s'élança hors de la chambre, se jeta au bas de l'escalier, et se mit à battre les murailles avec sa tête en criant: – Mon enfant! qui a mon enfant? qui m'a pris mon enfant? – La rue était déserte, la maison isolée; personne ne put lui rien dire. Elle alla par la ville, elle fureta a toutes les rues, courut çà et là la journée entière, folle, égarée, terrible, flairant aux portes et aux fenêtres comme une bête farouche qui a perdu ses petits. Elle était haletante, échevelée, effrayante à voir, et elle avait dans les yeux un feu qui séchait ses larmes. Elle arrêtait les passants et criait: Ma fille! ma fille! ma jolie petite fille! Celui qui me rendra ma fille, je serai sa servante, la servante de son chien, et il me mangera le coeur, s'il veut. – Elle rencontra M. le curé de Saint-Remy, et lui dit: – Monsieur le curé, je labourerai la terre avec mes ongles, mais rendez-moi mon enfant! – C'était déchirant, Oudarde; et j'ai vu un homme bien dur, maître Ponce Lacabre, le procureur, qui pleurait. – Ah! la pauvre mère! –

Le soir, elle rentra chez elle. Pendant son absence, une voisine avait vu deux égyptiennes y monter en cachette avec un paquet dans leurs bras, puis redescendre après avoir refermé la porte, et s'enfuir en hâte. Depuis leur départ, on entendait chez Paquette des espèces de cris d'enfant. La mère rit aux éclats, monta l'escalier comme avec des ailes, enfonça sa porte comme avec un canon d'artillerie, et entra... – Une chose affreuse, Oudarde! Au lieu de sa gentille petite Agnès, si vermeille et si fraîche, qui était un don du bon Dieu, une façon de petit monstre, hideux, boiteux, borgne, contrefait, se traînait en piaillant sur le carreau. Elle cacha ses yeux avec horreur. – Oh! dit-elle, est-ce que les sorcières auraient métamorphosé ma fille en cet animal effroyable? – On se hâta d'emporter le petit pied-bot. Il l'aurait rendue folle. C'était un monstrueux enfant de quelque égyptienne donnée au diable. Il paraissait avoir quatre ans environ, et parlait une langue qui n'était point une langue humaine; c'étaient des mots qui ne sont pas possibles. – La Chantefleurie s'était jeté sur le petit soulier, tout ce qui lui restait de tout ce qu'elle avait aimé. Elle y demeura si longtemps immobile, muette, sans souffle, qu'on crut qu'elle y était morte. Tout à coup elle trembla de tout son corps, couvrit sa relique de baisers furieux, et se dégorgea en sanglots comme si son coeur venait de crever. Je vous assure que nous pleurions toutes aussi. Elle disait: – Oh! ma petite fille! ma jolie petite fille! où es-tu? – Et cela vous tordait les entrailles. Je pleure encore d'y songer. Nos enfants, voyez-vous, c'est la moelle de nos os. – Mon pauvre Eustache! tu es si beau, toi! Si vous saviez comme il est gentil! Hier il me disait: Je veux être gendarme, moi. ❖ mon Eustache! si je te perdais! – La Chantefleurie se leva tout à coup et se mit à courir dans Reims en criant: – Au camp des égyptiens! au camp des égyptiens! Des sergents pour brûler les sorcières! – Les égyptiens étaient partis. – Il faisait nuit noire. On ne put les poursuivre. Le lendemain, à deux lieues de Reims, dans une bruyère entre Gueux et Tilloy, on trouva les restes d'un grand feu, quelques rubans qui avaient appartenu à l'enfant de Paquette, des gouttes de sang, et des crottins de bouc. La nuit qui venait de s'écouler était précisément celle d'un samedi. On ne douta plus que les égyptiens n'eussent fait le sabbat dans cette bruyère, et qu'ils n'eussent dévoré l'enfant en compagnie de Belzébuth, comme cela se pratique chez les mahométans. Quand la Chantefleurie apprit ces choses horribles, elle ne pleura pas, elle remua les lèvres comme pour parler, mais ne put. Le lendemain, ses cheveux étaient gris. Le surlendemain, elle avait disparu.

– Voilà, en effet, une effroyable histoire, dit Oudarde, et qui ferait pleurer un bourguignon!

– Je ne m'étonne plus, ajouta Gervaise, que la peur des égyptiens vous talonne si fort!

– Et vous avez d'autant mieux fait, reprit Oudarde, de vous sauver tout à l'heure avec votre Eustache, que ceux-ci aussi sont des égyptiens de Pologne.

– Non pas, dit Gervaise. On dit qu'ils viennent d'Espagne et de Catalogne.

– Catalogne? c'est possible, répondit Oudarde. Pologne, Catalogne, Valogne, je confonds toujours ces trois provinces-là. Ce qui est sûr, c'est que ce sont des égyptiens.

– Et qui ont certainement, ajouta Gervaise, les dents assez longues pour manger des petits enfants. Et je ne serais pas surprise que la Smeralda en mangeât aussi un peu, tout en faisant la petite bouche. Sa chèvre blanche a des tours trop malicieux pour qu'il n'y ait pas quelque libertinage là-dessous.

Mahiette marchait silencieusement. Elle était absorbée dans cette rêverie qui est en quelque sorte le prolongement d'un récit douloureux, et qui ne s'arrête qu'après en avoir propagé l'ébranlement, de vibration en vibration, jusqu'aux dernières fibres du coeur. Cependant Gervaise lui adressa la parole: – Et l'on n'a pu savoir ce qu'est devenue la Chantefleurie? – Mahiette ne répondit pas. Gervaise répéta sa question en lui secouant le bras et en l'appelant par son nom. Mahiette parut se réveiller de ses pensées.

– Ce qu'est devenue la Chantefleurie? dit-elle en répétant machinalement les paroles dont l'impression était toute fraîche dans son oreille; puis faisant effort pour ramener son attention au sens de ces paroles: – Ah! reprit-elle vivement, on ne l'a jamais su.

Elle ajouta après une pause:

– Les uns ont dit l'avoir vue sortir de Reims à la brune par la Porte Fléchembault; les autres, au point du jour, par la vieille Porte Basée. Un pauvre a trouvé sa croix d'or accrochée à la croix de pierre dans la culture où se fait la foire. C'est ce joyau qui l'avait perdue, en 61. C'était un don du beau vicomte de Cormontreuil, son premier amant. Paquette n'avait jamais voulu s'en défaire, si misérable qu'elle eût été. Elle y tenait comme à la vie. Aussi, quand nous vîmes l'abandon de cette croix, nous pensâmes toutes qu'elle était morte. Cependant il y a des gens du Cabaret-les-Vantes qui dirent l'avoir vue passer sur le chemin de Paris, marchant pieds nus sur les cailloux. Mais il faudrait alors qu'elle fût sortie par la Porte de Vesle, et tout cela n'est pas d'accord. Ou, pour mieux dire, je crois bien qu'elle est sortie en effet par la Porte de Vesle, mais sortie de ce monde.

– Je ne vous comprends pas, dit Gervaise.

– La Vesle, répondit Mahiette avec un sourire mélancolique, c'est la rivière.

– Pauvre Chantefleurie! dit Oudarde en frissonnant, noyée!

– Noyée! reprit Mahiette, et qui eût dit au bon père Guybertaut quand il passait sous le pont de Tinqueux au fil de l'eau, en chantant dans sa barque, qu'un jour sa chère petite Paquette passerait aussi sous ce pont-là, mais sans chanson et sans bateau?

– Et le petit soulier? demanda Gervaise.

– Disparu avec la mère, répondit Mahiette.

– Pauvre petit soulier! dit Oudarde.

Oudarde, grosse et sensible femme, se serait fort bien satisfaite à soupirer de compagnie avec Mahiette. Mais Gervaise, plus curieuse, n'était pas au bout de ses questions.

– Et le monstre? dit-elle tout à coup à Mahiette.

– Quel monstre? demanda celle-ci.

– Le petit monstre égyptien laissé par les sorcières chez la Chantefleurie en échange de sa fille! Qu'en avez-vous fait? J'espère bien que vous l'avez noyé aussi.

– Non pas, répondit Mahiette.

– Comment! brûlé alors? Au fait, c'est plus juste. Un enfant sorcier!

– Ni l'un ni l'autre, Gervaise. Monsieur l'archevêque s'est intéressé à l'enfant d'Égypte, l'a exorcisé, l'a béni, lui a ôté bien soigneusement le diable du corps, et l'a envoyé à Paris pour être exposé sur le lit de bois, à Notre-Dame, comme enfant trouvé.

– Ces évêques! dit Gervaise en grommelant, parce qu'ils sont savants, ils ne font rien comme les autres. Je vous demande un peu, Oudarde, mettre le diable aux enfants trouvés! car c'était bien sûr le diable que ce petit monstre. – Hé bien, Mahiette, qu'est-ce qu'on en a fait à Paris? Je compte bien que pas une personne charitable n'en a voulu.

– Je ne sais pas, répondit la rémoise. C'est justement dans ce temps-là que mon mari a acheté le tabellionage de Beru, à deux lieues de la ville, et nous ne nous sommes plus occupés de cette histoire; avec cela que devant Beru il y a les deux buttes de Cernay, qui vous font perdre de vue les clochers de la cathédrale de Reims.

Tout en parlant ainsi, les trois dignes bourgeoises étaient arrivées à la place de Grève. Dans leur préoccupation, elles avaient passé sans s'y arrêter devant le bréviaire public de la Tour-Roland, et se dirigeaient machinalement vers le pilori autour duquel la foule grossissait à chaque instant. Il est probable que le spectacle qui y attirait en ce moment tous les regards leur eût fait complètement oublier le Trou aux Rats et la station qu'elles s'étaient proposé d'y faire, si le gros Eustache de six ans que Mahiette traînait à sa main ne leur en eût rappelé brusquement l'objet: – Mère, dit-il, comme si quelque instinct l'avertissait que le Trou aux Rats était derrière lui, à présent puis-je manger le gâteau?

Si Eustache eût été plus adroit, c'est-à-dire moins gourmand, il aurait encore attendu, et ce n'est qu'au retour, dans l'Université, au logis, chez maître Andry Musnier, rue Madame-la-Valence, lorsqu'il y aurait eu les deux bras de la Seine et les cinq ponts de la Cité entre le Trou aux Rats et la galette, qu'il eût hasardé cette question timide: – Mère, à présent, puis-je manger le gâteau?

Cette même question, imprudente au moment où Eustache la fit, réveilla l'attention de Mahiette.

– À propos, s'écria-t-elle, nous oublions la recluse! Montrez-moi donc votre Trou aux Rats, que je lui porte son gâteau.

– Tout de suite, dit Oudarde. C'est une charité.

Ce n'était pas là le compte d'Eustache.

– Tiens, ma galette! dit-il en heurtant alternativement ses deux épaules de ses deux oreilles, ce qui est en pareil cas le signe suprême du mécontentement.

Les trois femmes revinrent sur leurs pas, et, arrivées près de la maison de la Tour-Roland, Oudarde dit aux deux autres: – Il ne faut pas regarder toutes trois à la fois dans le trou, de peur d'effaroucher la sachette. Faites semblant, vous deux, de lire dominos dans le bréviaire, pendant que je mettrai le nez à la lucarne. La sachette me connaît un peu. Je vous avertirai quand vous pourrez venir.

Elle alla seule à la lucarne. Au moment où sa vue y pénétra, une profonde pitié se peignit sur tous ses traits, et sa gaie et franche physionomie changea aussi brusquement d'expression et de couleur que si elle eût passé d'un rayon de soleil à un rayon de lune. Son oeil devint humide, sa bouche se contracta comme lorsqu'on va pleurer. Un moment après, elle mit un doigt sur ses lèvres et fit signe à Mahiette de venir voir.

Mahiette vint, émue, en silence et sur la pointe des pieds, comme lorsqu'on approche du lit d'un mourant.

C'était en effet un triste spectacle que celui qui s'offrait aux yeux des deux femmes, pendant qu'elles regardaient sans bouger ni souffler à la lucarne grillée du Trou aux Rats.

La cellule était étroite, plus large que profonde, voûtée en ogive, et vue à l'intérieur ressemblait assez à l'alvéole d'une grande mitre d'évêque. Sur la dalle nue qui en formait le sol, dans un angle, une femme était assise ou plutôt accroupie. Son menton était appuyé sur ses genoux, que ses deux bras croisés serraient fortement contre sa poitrine. Ainsi ramassée sur elle-même, vêtue d'un sac brun qui l'enveloppait tout entière à larges plis, ses longs cheveux gris rabattus par devant tombant sur son visage le long de ses jambes jusqu'à ses pieds, elle ne présentait au premier aspect qu'une forme étrange, découpée sur le fond ténébreux de la cellule, une espèce de triangle noirâtre, que le rayon de jour venant de la lucarne tranchait crûment en deux nuances, l'une sombre, l'autre éclairée. C'était un de ces spectres mi-partis d'ombre et de lumière, comme on en voit dans les rêves et dans l'oeuvre extraordinaire de Goya, pâles, immobiles, sinistres, accroupis sur une tombe ou adossés à la grille d'un cachot. Ce n'était ni une femme, ni un homme, ni un être vivant, ni une forme définie; c'était une figure; une sorte de vision sur laquelle s'entrecoupaient le réel et le fantastique, comme l'ombre et le jour. À peine sous ses cheveux répandus jusqu'à terre distinguait-on un profil amaigri et sévère; à peine sa robe laissait-elle passer l'extrémité d'un pied nu qui se crispait sur le pavé rigide et gelé. Le peu de forme humaine qu'on entrevoyait sous cette enveloppe de deuil faisait frissonner.

Cette figure, qu'on eût crue scellée dans la dalle, paraissait n'avoir ni mouvement, ni pensée, ni haleine. Sous ce mince sac de toile, en janvier, gisante à nu sur un pavé de granit, sans feu, dans l'ombre d'un cachot dont le soupirail oblique ne laissait arriver du dehors que la bise et jamais le soleil, elle ne semblait pas souffrir, pas même sentir. On eût dit qu'elle s'était faite pierre avec le cachot, glace avec la saison. Ses mains étaient jointes, ses yeux étaient fixes. À la première vue on la prenait pour un spectre, à la seconde pour une statue.

Cependant par intervalles ses lèvres bleues s'entrouvraient à un souffle, et tremblaient, mais aussi mortes et aussi machinales que des feuilles qui s'écartent au vent.

Cependant de ses yeux mornes s'échappait un regard, un regard ineffable, un regard profond, lugubre, imperturbable, incessamment fixé à un angle de la cellule qu'on ne pouvait voir du dehors; un regard qui semblait rattacher toutes les sombres pensées de cette âme en détresse à je ne sais quel objet mystérieux.

Telle était la créature qui recevait de son habitacle le nom de recluse, et de son vêtement le nom de sachette.

Les trois femmes, car Gervaise s'était réunie à Mahiette et à Oudarde, regardaient par la lucarne. Leur tête interceptait le faible jour du cachot, sans que la misérable qu'elles en privaient ainsi parût faire attention à elles. – Ne la troublons pas, dit Oudarde à voix basse, elle est dans son extase, elle prie.

Cependant Mahiette considérait avec une anxiété toujours croissante cette tête hâve, flétrie, échevelée, et ses yeux se remplissaient de larmes. – Voilà qui serait bien singulier, murmurait-elle.

Elle passa sa tête à travers les barreaux du soupirail, et parvint à faire arriver son regard jusque dans l'angle où le regard de la malheureuse était invariablement attaché.

Quand elle retira sa tête de la lucarne, son visage était inondé de larmes.

– Comment appelez-vous cette femme? demanda-t-elle à Oudarde.

Oudarde répondit:

– Nous la nommons soeur Gudule.

– Et moi, reprit Mahiette, je l'appelle Paquette la Chantefleurie.

Alors, mettant un doigt sur sa bouche, elle fit signe à Oudarde stupéfaite de passer sa tête par la lucarne et de regarder.

Oudarde regarda, et vit, dans l'angle où l'oeil de la recluse était fixé avec cette sombre extase, un petit soulier de satin rose, brodé de mille passequilles d'or et d'argent.

Gervaise regarda après Oudarde, et alors les trois femmes, considérant la malheureuse mère, se mirent à pleurer.

Ni leurs regards cependant, ni leurs larmes n'avaient distrait la recluse. Ses mains restaient jointes, ses lèvres muettes, ses yeux fixes, et, pour qui savait son histoire, ce petit soulier regardé ainsi fendait le coeur. Les trois femmes n'avaient pas encore proféré une parole; elles n'osaient parler, même à voix basse. Ce grand silence, cette grande douleur, ce grand oubli où tout avait disparu hors une chose, leur faisaient l'effet d'un maître-autel de Pâques ou de Noël. Elles se taisaient, elles se recueillaient, elles étaient prêtes à s'agenouiller. Il leur semblait qu'elles venaient d'entrer dans une église le jour de Ténèbres.

Enfin Gervaise, la plus curieuse des trois, et par conséquent la moins sensible, essaya de faire parler la recluse:

– Soeur! soeur Gudule!

Elle répéta cet appel jusqu'à trois fois, en haussant la voix à chaque fois. La recluse ne bougea pas. Pas un mot, pas un regard, pas un soupir, pas un signe de vie.

Oudarde à son tour, d'une voix plus douce et plus caressante: – Soeur! dit-elle, soeur Sainte-Gudule!

Même silence, même immobilité.

– Une singulière femme! s'écria Gervaise, et qui ne serait pas émue d'une bombarde!

– Elle est peut-être sourde, dit Oudarde en soupirant.

– Peut-être aveugle, ajouta Gervaise.

– Peut-être morte, reprit Mahiette.

Il est certain que si l'âme n'avait pas encore quitté ce corps inerte, endormi, léthargique, du moins s'y était-elle retirée et cachée à des profondeurs où les perceptions des organes extérieurs n'arrivaient plus.

– Il faudra donc, dit Oudarde, laisser le gâteau sur la lucarne. Quelque fils le prendra. Comment faire pour la réveiller?

Eustache, qui jusqu'à ce moment avait été distrait par une petite voiture traînée par un gros chien, laquelle venait de passer, s'aperçut tout à coup que ses trois conductrices regardaient quelque chose à la lucarne, et, la curiosité le prenant à son tour, il monta sur une borne, se dressa sur la pointe des pieds et appliqua son gros visage vermeil à l'ouverture en criant: – Mère, voyons donc que je voie!

À cette voix d'enfant, claire, fraîche, sonore, la recluse tressaillit. Elle tourna la tête avec le mouvement sec et brusque d'un ressort d'acier, ses deux longues mains décharnées vinrent écarter ses cheveux sur son front, et elle fixa sur l'enfant des yeux étonnés, amers, désespérés. Ce regard ne fut qu'un éclair.

– Ô mon Dieu! cria-t-elle tout à coup en cachant sa tête dans ses genoux, et il semblait que sa voix rauque déchirait sa poitrine en passant, au moins ne me montrez pas ceux des autres!

– Bonjour, madame, dit l'enfant avec gravité.

Cependant cette secousse avait pour ainsi dire réveillé la recluse. Un long frisson parcourut tout son corps de la tête aux pieds, ses dents claquèrent, elle releva à demi sa tête et dit en serrant ses coudes contre ses hanches et en prenant ses pieds dans ses mains comme pour les réchauffer: Oh! le grand froid!

– Pauvre femme, dit Oudarde en grande pitié, voulez-vous un peu de feu?

Elle secoua la tête en signe de refus.

– Eh bien, reprit Oudarde en lui présentant un flacon, voici de l'hypocras qui vous réchauffera. Buvez.

Elle secoua de nouveau la tête, regarda Oudarde fixement et répondit: – De l'eau.

Oudarde insista. – Non, soeur, ce n'est pas là une boisson de janvier. Il faut boire un peu d'hypocras et manger cette galette au levain de maïs que nous avons cuite pour vous.

Elle repoussa le gâteau que Mahiette lui présentait et dit: – Du pain noir.

– Allons, dit Gervaise prise à son tour de charité, et défaisant son roquet de laine, voici un surtout un peu plus chaud que le vôtre. Mettez ceci sur vos épaules.

Elle refusa le surtout comme le flacon et le gâteau, et répondit: – Un sac.

– Mais il faut bien, reprit la bonne Oudarde, que vous vous aperceviez un peu que c'était hier fête.

– Je m'en aperçois, dit la recluse. Voilà deux jours que je n'ai plus d'eau dans ma cruche.

Elle ajouta après un silence: – C'est fête, on m'oublie. On fait bien. Pourquoi le monde songerait-il à moi qui ne songe pas à lui? À charbon éteint cendre froide.

Et comme fatiguée d'en avoir tant dit, elle laissa retomber sa tête sur ses genoux. La simple et charitable Oudarde qui crut comprendre à ses dernières paroles qu'elle se plaignait encore du froid, lui répondit naïvement: – Alors, voulez-vous un peu de feu?

– Du feu! dit la sachette avec un accent étrange; et en ferez-vous aussi un peu à la pauvre petite qui est sous terre depuis quinze ans?

Tous ses membres tremblèrent, sa parole vibrait, ses preux brillaient, elle s'était levée sur les genoux. Elle étendit tout à coup sa main blanche et maigre vers l'enfant qui la regardait avec un regard étonné: – Emportez cet enfant! cria-t-elle. L'égyptienne va passer!

Alors elle tomba la face contre terre, et son front frappa la dalle avec le bruit d'une pierre sur une pierre. Les trois femmes la crurent morte. Un moment après pourtant, elle remua, et elles la virent se traîner sur les genoux et sur les coudes jusqu'à l'angle où était le petit soulier. Alors elles n'osèrent regarder, elles ne la virent plus, mais elles entendirent mille baisers et mille soupirs mêlés à des cris déchirants et à des coups sourds comme ceux d'une tête qui heurte une muraille. Puis, après un de ces coups, tellement violent qu'elles en chancelèrent toutes les trois, elles n'entendirent plus rien.

– Se serait-elle tuée? dit Gervaise en se risquant à passer sa tête au soupirail. – Soeur! soeur Gudule!

– Soeur Gudule! répéta Oudarde.

– Ah, mon Dieu! elle ne bouge plus! reprit Gervaise, est-ce qu'elle est morte? – Gudule! Gudule!

Mahiette, suffoquée jusque-là à ne pouvoir parler, fit un effort. – Attendez, dit-elle. Puis se penchant vers la lucarne: – Paquette! dit-elle, Paquette la Chantefleurie.

Un enfant qui souffle ingénument sur la mèche mal allumée d'un pétard et se le fait éclater dans les yeux, n'est pas plus épouvanté que ne le fut Mahiette, à l'effet de ce nom brusquement lancé dans la cellule de soeur Gudule.

La recluse tressaillit de tout son corps, se leva debout sur ses pieds nus, et sauta à la lucarne avec des yeux si flamboyants que Mahiette et Oudarde et l'autre femme et l'enfant reculèrent jusqu'au parapet du quai.

Cependant la sinistre figure de la recluse apparut collée à la grille du soupirail. – Oh! oh! criait-elle avec un rire effrayant, c'est l'égyptienne qui m'appelle!

En ce moment une scène qui se passait au pilori arrêta son oeil hagard. Son front se plissa d'horreur, elle étendit hors de sa loge ses deux bras de squelette, et s'écria avec une voix qui ressemblait à un râle: – C'est donc encore toi, fille d'Égypte! c'est toi qui m'appelles, voleuse d'enfants! Eh bien! maudite sois-tu! maudite! maudite! maudite!

IV

UNE LARME POUR

UNE GOUTTE D'EAU

CES paroles étaient, pour ainsi dire, le point de jonction de deux scènes qui s'étaient jusque-là développées parallèlement dans le même moment, chacune sur son théâtre particulier, l'une, celle qu'on vient de lire, dans le Trou aux Rats, l'autre, qu'on va lire, sur l'échelle du pilori. La première n'avait eu pour témoins que les trois femmes avec lesquelles le lecteur vient de faire connaissance; la seconde avait eu pour spectateurs tout le public que nous avons vu plus haut s'amasser sur la place de Grève, autour du pilori et du gibet.

Cette foule, à laquelle les quatre sergents, qui s'étaient postés dès neuf heures du matin aux quatre coins du pilori, avaient fait espérer une exécution telle quelle, non pas sans doute une pendaison, mais un fouet, un essorillement, quelque chose enfin, cette foule s'était si rapidement accrue que les quatre sergents, investis de trop près, avaient eu plus d'une fois besoin de la serrer, comme on disait alors à grands coups de boullaye et de croupe de cheval.

Cette populace, disciplinée à l'attente des exécutions publiques, ne manifestait pas trop d'impatience. Elle se divertissait à regarder le pilori, espèce de monument fort simple composé d'un cube de maçonnerie de quelque dix pieds de haut, creux à l'intérieur. Un degré fort roide en pierre brute qu'on appelait par excellence l'échelle conduisait à la plate-forme supérieure, sur laquelle on apercevait une roue horizontale en bois de chêne plein. On liait le patient sur cette roue, à genoux et les bras derrière le dos. Une tige en charpente, que mettait en mouvement un cabestan caché dans l'intérieur du petit édifice, imprimait une rotation à la roue, toujours maintenue dans le plan horizontal, et présentait de cette façon la face du condamné successivement à tous les points de la place. C'est ce qu'on appelait tourner un criminel.

Comme on voit, le pilori de la Grève était loin d'offrir toutes les récréations du pilori des Halles. Rien d'architectural. Rien de monumental. Pas de toit à croix de fer, pas de lanterne octogone, pas de frêles colonnettes allant s'épanouir au bord du toit en chapiteaux d'acanthes et de fleurs, pas de gouttières chimériques et monstrueuses, pas de charpente ciselée, pas de fine sculpture profondément fouillée dans la pierre.

Il fallait se contenter de ces quatre pans de moellon avec deux contre-coeurs de grès, et d'un méchant gibet de pierre, maigre et nu, à côté.

Le régal eût été mesquin pour des amateurs d'architecture gothique. Il est vrai que rien n'était moins curieux de monuments que les braves badauds du moyen-âge, et qu'ils se souciaient médiocrement de la beauté d'un pilori.

Le patient arriva enfin lié au cul d'une charrette, et quand il eut été hissé sur la plate-forme, quand on put le voir de tous les points de la place ficelé à cordes et à courroies sur la roue du pilori, une huée prodigieuse mêlée de rires et d'acclamations, éclata dans la place. On avait reconnu Quasimodo.

C'était lui en effet. Le retour était étrange. Pilorié sur cette même place où la veille il avait été salué, acclamé et conclamé pape et prince des fous, en cortège du duc d'Égypte, du roi de Thunes et de l'empereur de Galilée. Ce qu'il y a de certain, c'est qu'il n'y avait pas un esprit dans la foule, pas même lui, tour à tour le triomphant et le patient, qui dégageât nettement ce rapprochement dans sa pensée. Gringoire et sa philosophie manquaient à ce spectacle.

Bientôt Michel Noiret, trompette-juré du roi notre sire, fit faire silence aux manants et cria l'arrêt, suivant l'ordonnance et commandement de Monsieur le prévôt. Puis il se replia derrière la charrette avec ses gens en hoquetons de livrée.

Quasimodo, impassible, ne sourcillait pas. Toute résistance lui était rendue impossible par ce qu'on appelait alors, en style de chancellerie criminelle, la véhémence et la fermeté des attaches, ce qui veut dire que les lanières et les chaînettes lui entraient probablement dans la chair. C'est au reste une tradition de geôle et de chiourme qui ne s'est pas perdue, et que les menottes conservent encore précieusement parmi nous, peuple civilisé, doux, humain (le bagne et la guillotine entre parenthèses).

Il s'était laissé mener et pousser, porter, jucher, lier et relier. On ne pouvait rien deviner sur sa physionomie qu'un étonnement de sauvage ou d'idiot. On le savait sourd, on l'eût dit aveugle.

On le mit à genoux sur la planche circulaire, il s'y laissa mettre. On le dépouilla de chemise et de pourpoint jusqu'à la ceinture, il se laissa faire. On l'enchevêtra sous un nouveau système de courroies et d'ardillons, il se laissa boucler et ficeler. Seulement de temps à autre il soufflait bruyamment, comme un veau dont la tête pend et ballotte au rebord de la charrette du boucher.

– Le butor, dit Jehan Frollo du Moulin à son ami Robin Poussepain (car les deux écoliers avaient suivi le patient comme de raison), il ne comprend pas plus qu'un hanneton enfermé dans une boîte!

Ce fut un fou rire dans la foule quand on vit à nu la bosse de Quasimodo, sa poitrine de chameau, ses épaules calleuses et velues. Pendant toute cette gaieté, un homme à la livrée de la ville, de courte taille et de robuste mine, monta sur la plate-forme et vint se placer près du patient. Son nom circula bien vite dans l'assistance. C'était maître Pierrat Torterue, tourmenteur-juré du Châtelet.

Il commença par déposer sur un angle du pilori un sablier noir dont la capsule supérieure était pleine de sable rouge qu'elle laissait fuir dans le récipient inférieur, puisa il ôta son surtout mi-parti, et l'on vit pendre à sa main droite un fouet mince et effilé de longues lanières blanches, luisantes, noueuses, tressées, armées d'ongles de métal. De la main gauche il repliait négligemment sa chemise autour de son bras droit jusqu'à l'aisselle.

Cependant Jehan Frollo criait en élevant sa tête blonde et frisée au-dessus de la foule (il était monté pour cela sur les épaules de Robin Poussepain): – Venez voir, messieurs, mesdames! voici qu'on va flageller péremptoirement maître Quasimodo, le sonneur de mon frère monsieur l'archidiacre de Josas, un drôle d'architecture orientale, qui a le dos en dôme et les jambes en colonnes torses!

Et la foule de rire, surtout les enfants et les jeunes filles.

Enfin le tourmenteur frappa du pied. La roue se mit à tourner. Quasimodo chancela sous ses liens. La stupeur qui se peignit brusquement sur son visage difforme fit redoubler à l'entour les éclats de rire.

Tout à coup, au moment où la roue dans sa révolution présenta à maître Pierrat le dos montueux de Quasimodo, maître Pierrat leva le bras, les fines lanières sifflèrent aigrement dans l'air comme une poignée de couleuvres, et retombèrent avec furie sur les épaules du misérable.

Quasimodo sauta sur lui-même, comme réveillé en sursaut. Il commençait à comprendre. Il se tordit dans ses liens; une violente contraction de surprise et de douleur décomposa les muscles de sa face; mais il ne jeta pas un soupir. Seulement il tourna la tête en arrière, à droite, puis à gauche, en la balançant comme fait un taureau piqué au flanc par un taon.

Un second coup suivit le premier, puis un troisième, et un autre, et un autre, et toujours. La roue ne cessait pas de tourner ni les coups de pleuvoir. Bientôt le sang jaillit, on le vit ruisseler par mille filets sur les noires épaules du bossu, et les grêles lanières, dans leur rotation qui déchirait l'air, l'éparpillaient en gouttes dans la foule.

Quasimodo avait repris, en apparence du moins, son impassibilité première. Il avait essayé d'abord sourdement et sans grande secousse extérieure de rompre ses liens. On avait vu son oeil s'allumer, ses muscles se roidir, ses membres se ramasser, et les courroies et les chaînettes se tendre. L'effort était puissant, prodigieux, désespéré; mais les vieilles gênes de la prévôté résistèrent. Elles craquèrent, et voilà tout. Quasimodo retomba épuisé. La stupeur fit place sur ses traits à un sentiment d'amer et profond découragement. Il ferma son oeil unique, laissa tomber sa tête sur sa poitrine et fit le mort.

Dès lors il ne bougea plus. Rien ne put lui arracher un mouvement. Ni son sang qui ne cessait de couler, ni les coups qui redoublaient de furie, ni la colère du tourmenteur qui s'excitait lui-même et s'enivrait de l'exécution, ni le bruit des horribles lanières plus acérées et plus sifflantes que des pattes de bigailles.

Enfin un huissier du Châtelet vêtu de noir, monté sur un cheval noir, en station à côté de l'échelle depuis le commencement de l'exécution, étendit sa baguette d'ébène vers le sablier. Le tourmenteur s'arrêta. La roue s'arrêta. L'oeil de Quasimodo se rouvrit lentement.

La flagellation était finie. Deux valets du tourmenteur-juré lavèrent les épaules saignantes du patient, les frottèrent de je ne sais quel onguent qui ferma sur-le-champ toutes les plaies, et lui jetèrent sur le dos une sorte de pagne jaune taillé en chasuble. Cependant Pierrat Torterue faisait dégoutter sur le pavé les lanières rouges et gorgées de sang.

Tout n'était pas fini pour Quasimodo. Il lui restait encore à subir cette heure de pilori que maître Florian Barbedienne avait si judicieusement ajoutée à la sentence de messire Robert d'Estouteville; le tout à la plus grande gloire du vieux jeu de mots physiologique et psychologique de Jean de Cumène: Surdus absurdus.

On retourna donc le sablier, et on laissa le bossu attaché sur la planche pour que justice fût faite jusqu'au bout.

Le peuple, au moyen-âge surtout, est dans la société ce qu'est l'enfant dans la famille. Tant qu'il reste dans cet état d'ignorance première, de minorité morale et intellectuelle, on peut dire de lui comme de l'enfant:

Cet âge est sans pitié.

Nous avons déjà fait voir que Quasimodo était généralement haï, pour plus d'une bonne raison, il est vrai. Il y avait à peine un spectateur dans cette foule qui n'eût ou ne crût avoir sujet de se plaindre du mauvais bossu de Notre-Dame. La joie avait été universelle de le voir paraître au pilori; et la rude exécution qu'il venait de subir et la piteuse posture où elle l'avait laissé, loin d'attendrir la populace, avaient rendu sa haine plus méchante en l'armant d'une pointe de gaieté.

Aussi, une fois la vindicte publique satisfaite, comme jargonnent encore aujourd'hui les bonnets carrés, ce fut le tour des mille vengeances particulières. Ici comme dans la grand'salle, les femmes surtout éclataient. Toutes lui gardaient quelque rancune, les unes de sa malice, les autres de sa laideur. Les dernières étaient les plus furieuses.

– Oh! masque de l'Antéchrist! disait l'une.

– Chevaucheur de manche à balai! criait l'autre.

– La belle grimace tragique, hurlait une troisième, et qui te ferait pape des fous, si c'était aujourd'hui hier!

– C'est bon, reprenait une vieille. Voilà la grimace du pilori. À quand celle du gibet?

– Quand seras-tu coiffé de ta grosse cloche à cent pieds sous terre, maudit sonneur?

– C'est pourtant ce diable qui sonne l'angélus!

– Oh! le sourd! le borgne! le bossu! le monstre!

– Figure à faire avorter une grossesse mieux que toutes médecines et pharmaques!

Et les deux écoliers, Jehan du Moulin, Robin Poussepain, chantaient à tue-tête le vieux refrain populaire:

Une hart

Pour le pendard!

Un fagot

Pour le magot!

Mille autres injures pleuvaient, et les huées, et les imprécations, et les rires, et les pierres çà et là.

Quasimodo était sourd, mais il voyait clair, et la fureur publique n'était pas moins énergiquement peinte sur les visages que dans les paroles. D'ailleurs les coups de pierre expliquaient les éclats de rire.

Il tint bon d'abord. Mais peu à peu cette patience, qui s'était roidie sous le fouet du tourmenteur, fléchit et lâcha pied à toutes ces piqûres d'insectes. Le boeuf des Asturies, qui s'est peu ému des attaques du picador, s'irrite des chiens et des banderilles.

Il promena d'abord lentement un regard de menace sur la foule. Mais garrotté comme il l'était, son regard fut impuissant à chasser ces mouches qui mordaient sa plaie. Alors il s'agita dans ses entraves, et ses soubresauts furieux firent crier sur ses ais la vieille roue du pilori. De tout cela, les dérisions et les huées s'accrurent.

Alors le misérable, ne pouvant briser son collier de bête fauve enchaînée, redevint tranquille. Seulement par intervalles un soupir de rage soulevait toutes les cavités de sa poitrine. Il n'y avait sur son visage ni honte, ni rougeur. Il était trop loin de l'état de société et trop près de l'état de nature pour savoir ce que c'est que la honte. D'ailleurs, à ce point de difformité, l'infamie est-elle chose sensible? Mais la colère, la haine, le désespoir abaissaient lentement sur ce visage hideux un nuage de plus en plus sombre, de plus en plus chargé d'une électricité qui éclatait en mille éclairs dans l'oeil du cyclope.

Cependant ce nuage s'éclaircit un moment, au passage d'une mule qui traversait la foule et qui portait un prêtre. Du plus loin qu'il aperçut cette mule et ce prêtre, le visage du pauvre patient s'adoucit. À la fureur qui le contractait succéda un sourire étrange, plein d'une douceur, d'une mansuétude, d'une tendresse ineffables. À mesure que le prêtre approchait, ce sourire devenait plus net, plus distinct, plus radieux. C'était comme la venue d'un sauveur que le malheureux saluait. Toutefois, au moment où la mule fut assez près du pilori pour que son cavalier pût reconnaître le patient, le prêtre baissa les yeux, rebroussa brusquement chemin, piqua des deux, comme s'il avait eu hâte de se débarrasser de réclamations humiliantes et fort peu de souci d'être salué et reconnu d'un pauvre diable en pareille posture.

Ce prêtre était l'archidiacre dom Claude Frollo.

Le nuage retomba plus sombre sur le front de Quasimodo. Le sourire s'y mêla encore quelque temps, mais amer, découragé, profondément triste.

Le temps s'écoulait. Il était là depuis une heure et demie au moins, déchiré, maltraité, moqué sans relâche, et presque lapidé.

Tout à coup il s'agita de nouveau dans ses chaînes avec un redoublement de désespoir dont trembla toute la charpente qui le portait, et, rompant le silence qu'il avait obstinément gardé jusqu'alors, il cria avec une voix rauque et furieuse qui ressemblait plutôt à un aboiement qu'à un cri humain et qui couvrit le bruit des huées: – À boire!

Cette exclamation de détresse, loin d'émouvoir les compassions, fut un surcroît d'amusement au bon populaire parisien qui entourait l'échelle, et qui, il faut le dire, pris en masse et comme multitude, n'était alors guère moins cruel et moins abruti que cette horrible tribu des truands chez laquelle nous avons déjà mené le lecteur, et qui était tout simplement la couche la plus inférieure du peuple. Pas une voix ne s'éleva autour du malheureux patient, si ce n'est pour lui faire raillerie de sa soif. Il est certain qu'en ce moment il était grotesque et repoussant plus encore que pitoyable, avec sa face empourprée et ruisselante, son oeil égaré, sa bouche écumante de colère et de souffrance, et sa langue à demi tirée. Il faut dire encore que, se fût-il trouvé dans la cohue quelque bonne âme charitable de bourgeois ou de bourgeoise qui eût été tentée d'apporter un verre d'eau à cette misérable créature en peine, il régnait autour des marches infâmes du pilori un tel préjugé de honte et d'ignominie qu'il eût suffi pour repousser le bon Samaritain.

Au bout de quelques minutes, Quasimodo promena sur la foule un regard désespéré, et répéta d'une voix plus déchirante encore: – À boire!

Et tous de rire.

– Bois ceci! criait Robin Poussepain en lui jetant par la face une éponge traînée dans le ruisseau. Tiens, vilain sourd! je suis ton débiteur.

Une femme lui lançait une pierre à la tête: – Voilà qui t'apprendra à nous réveiller la nuit avec ton carillon de damné.

– Hé bien! fils, hurlait un perclus en faisant effort pour l'atteindre de sa béquille, nous jetteras-tu encore des sorts du haut des tours de Notre-Dame?

– Voici une écuelle pour boire! reprenait un homme en lui décochant dans la poitrine une cruche cassée. C'est toi qui, rien qu'en passant devant elle, as fait accoucher ma femme d'un enfant à deux têtes!

– Et ma chatte d'un chat à six pattes! glapissait une vieille en lui lançant une tuile.

– À boire! répéta pour la troisième fois Quasimodo pantelant.

En ce moment, il vit s'écarter la populace. Une jeune fille bizarrement vêtue sortit de la foule. Elle était accompagnée d'une petite chèvre blanche à cornes dorées et portait un tambour de basque à la main.

L'oeil de Quasimodo étincela. C'était la bohémienne qu'il avait essayé d'enlever la nuit précédente, algarade pour laquelle il sentait confusément qu'on le châtiait en cet instant même; ce qui du reste n'était pas le moins du monde, puisqu'il n'était puni que du malheur d'être sourd et d'avoir été jugé par un sourd. Il ne douta pas qu'elle ne vînt se venger aussi, et lui donner son coup comme tous les autres.

Il la vit en effet monter rapidement l'échelle. La colère et le dépit le suffoquaient. Il eût voulu pouvoir faire crouler le pilori, et si l'éclair de son oeil eût pu foudroyer, l'égyptienne eût été mise en poudre avant d'arriver sur la plate-forme.

Elle s'approcha, sans dire une parole, du patient qui se tordait vainement pour lui échapper, et, détachant une gourde de sa ceinture, elle la porta doucement aux lèvres arides du misérable.

Alors, dans cet oeil jusque-là si sec et si brûlé, on vit rouler une grosse larme qui tomba lentement le long de ce visage difforme et longtemps contracté par le désespoir. C'était la première peut-être que l'infortuné eût jamais versée.

Cependant il oubliait de boire. L'égyptienne fit sa petite moue avec impatience, et appuya en souriant le goulot à la bouche dentue de Quasimodo. Il but à longs traits. Sa soif était ardente. Quand il eut fini, le misérable allongea ses lèvres noires, sans doute pour baiser la belle main qui venait de l'assister. Mais la jeune fille, qui n'était pas sans défiance peut-être et se souvenait de la violente tentative de la nuit, retira sa main avec le geste effrayé d'un enfant qui craint d'être mordu par une bête.

Alors le pauvre sourd fixa sur elle un regard plein de reproche et d'une tristesse inexprimable.

C'eût été partout un spectacle touchant que cette belle fille, fraîche, pure, charmante, et si faible en même temps, ainsi pieusement accourue au secours de tant de misère, de difformité et de méchanceté. Sur un pilori, ce spectacle était sublime.

Tout ce peuple lui-même en fut saisi et se mit à battre des mains en criant: Noël! Noël!

C'est dans ce moment que la recluse aperçut, de la lucarne de son trou, l'égyptienne sur le pilori et lui jeta son imprécation sinistre: – Maudite sois-tu, fille d'Égypte! maudite! maudite!

V

FIN DE L'HISTOIRE

DE LA GALETTE

LA Esmeralda pâlit, et descendit du pilori en chancelant. La voix de la recluse la poursuivit encore: – Descends! descends! larronnesse d'Égypte, tu y remonteras!

– La sachette est dans ses lubies, dit le peuple en murmurant; et il n'en fut rien de plus. Car ces sortes de femmes étaient redoutées, ce qui les faisait sacrées. On ne s'attaquait pas volontiers alors à qui priait jour et nuit.

L'heure était venue de remmener Quasimodo. On le détacha, et la foule se dispersa.

Près du Grand-Pont, Mahiette, qui s'en revenait avec ses deux compagnes, s'arrêta brusquement: – À propos, Eustache! qu'as-tu fait de la galette?

– Mère, dit l'enfant, pendant que vous parliez avec cette dame qui était dans le trou, il y avait un gros chien qui a mordu dans ma galette. Alors j'en ai mangé aussi.

– Comment, monsieur, reprit-elle, vous avez tout mangé?

– Mère, c'est le chien. Je lui ai dit, il ne m'a pas écouté. Alors j'ai mordu aussi, tiens!

– C'est un enfant terrible, dit la mère souriant et grondant à la fois. Voyez-vous, Oudarde, il mange déjà à lui seul tout le cerisier de notre clos de Charlerange. Aussi son grand-père dit que ce sera un capitaine. – Que je vous y reprenne, monsieur Eustache. – Va, gros lion!

Made in the USA
Middletown, DE
24 January 2022

59503304R00035